AF242665

LES

EFFRONTÉS POLITIQUES

PAR UN ANCIEN DÉPUTÉ

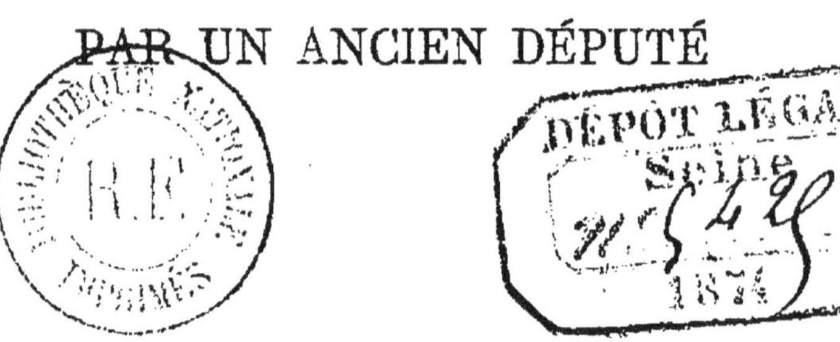

PARIS

AMYOT, ÉDITEUR, 8, RUE DE LA PAIX

—

1874

LES

EFFRONTÉS POLITIQUES

La France est en proie à un malaise causé principalement par la possibilité du retour aux affaires des hommes qui se sont emparés du pouvoir en 1870, après avoir renversé l'Empire.

Cette crainte est suffisante pour épouvanter le pays et arrêter son mouvement industriel et commercial.

On comprend que ces hommes, s'ils sont coupables, ne peuvent trouver l'impunité définitive de leurs fautes qu'en appelant sur la patrie des désastres assez considérables pour ne pas laisser place à l'examen de leur passé. Ils ne sont pas un parti politique, ils sont une bande de gens compromis, laissés libres de peser sur la chose publique, malgré les présomptions terribles accumulées contre eux.

Comment sont-ils compromis?

Sont-ils en butte à ces clameurs confuses, à ces revendications obscures et générales qui servent d'aliment aux récriminations des partis?

La calomnie, cette arme si dextrement maniée par eux, s'est-elle retournée pour les frapper en plein visage?

Il n'y a rien de semblable, et jamais imputations plus redoutables n'ont eu une origine plus solennelle et plus grave.

Les éléments d'accusation contre le gouvernement de la défense nationale, composé de MM. Gambetta, Jules Favre, Garnier-Pagès, Jules Ferry, Trochu, Arago, Crémieux, Glais-Bizoin, Pelletan, Picard et Rochefort, ont été préparés par les soins d'une commission de trente membres de l'Assemblée nationale actuelle, désignés par leurs collègues; nous remarquerons que cette réunion se formait de députés tous hostiles à l'Empire, elle ne comptait pas un seul bonapartiste.

Les travaux de la commission ont duré deux ans, ils établissent à la suite d'investigations minutieuses et impartiales, à la charge du gouvernement de la défense nationale, les faits suivants sur lesquels se greffent une infinité de faits accessoires susceptibles de perdre à eux seuls les réputations les plus solides.

I

Possibilité de faire la paix avec la Prusse dès les premiers jours de septembre 1870, à la condition de convoquer une assemblée.

Possibilité de faire la paix avec la Prusse au mois de novembre 1870, en perdant uniquement l'Alsace et en payant trois milliards.

Nous appuierons notre assertion en citant le procès-verbal du gouvernement de la défense nationale, rédigé par M. le secrétaire Dréo, gendre de M. Garnier-Pagès.

SÉANCE DU 5 NOVEMBRE 1870.

« M. Jules Favre, avant de rendre compte de son entrevue avec M. Thiers à Sèvres, demande que M. le général Ducrot soit admis à la séance, afin de corroborer avec ses souvenirs personnels le récit de l'entretien auquel il a assisté.

« M. le général Ducrot présent, M. Favre raconte l'entrevue de Sèvres avec M. Thiers. Il en résulte que le gouvernement prussien n'accepte un armistice de vingt-cinq jours que sans ravitaillement. Quant aux conditions de paix, incidemment abordées par M. de Bismarck dans ses conversations avec M. Thiers, elles seraient : *Maintenant, la cession de l'Alsace avec trois milliards d'indemnité ; après la prise de Paris, la cession de l'Alsace et de la Lorraine avec cinq milliards d'indemnité.* »

« M. Garnier-Pagès dit que, pour lui, il repousse absolument et sans phrase l'armistice sans ravitaillement et la paix avec l'abandon de l'Alsace. Il ne reste donc plus, suivant lui, qu'une question militaire à traiter.

« M. le général Trochu est d'un avis conforme à celui de M. Garnier-Pagès. Il rappelle qu'il n'a jamais cru à un armistice. Pour lui, les représentants d'une grande nation ne sauraient accepter son déshonneur. On doit au pays, à la République et à leur avenir, sinon de triompher, du moins de succomber glorieusement, après avoir vaillamment combattu. Il est d'avis d'informer le public immédiatement de ces conditions inadmissibles d'armistice.

« Le Conseil entier s'associe à cette manière de voir....

« M. Arago déclare que ce n'est pas seulement pour le présent qu'il faut savoir mourir; c'est pour préparer l'avenir à nos enfants. »

Ce document est irréfutable.

Écoutons maintenant M. Thiers (pages 25 et 27 de sa déposition devant la commission d'enquête) sur le même événement :

« Je ne répéterai donc pas ce que j'ai déjà écrit, mais je dirai le fond seulement. La Prusse alors voulait la paix, et toute l'Allemagne avec elle. . . .
. . . .
Je regardai M. de Bismarck; il me regardait lui aussi, et presque en même temps nous nous demandâmes si la paix ne serait pas immédiatement possible.

« Nous passâmes la nuit ensemble, et, sans raconter ici des choses que l'histoire seule saura et devra dire, j'acquis la certitude que la paix, une *paix douloureuse, mais moins que celle qu'il a fallu accepter plus tard, était dès lors possible.* Sur-le-champ je résolus de me dévouer et d'aller à Paris m'efforcer de la faire accepter. »

Les mêmes affirmations ont été données à la tribune par M. de Vallon et dans une lettre publique de M. de Guilloutet, ancien député. Du reste, nous les résumerons en reproduisant le passage du rapporteur de la commission d'enquête de l'Assemblée nationale relatif à cet incident considérable.

Extrait du rapport de M. le comte Daru, p. 271.

« M. Thiers, assis sur un escabeau, rendit compte des efforts malheureusement inutiles qu'il avait tentés auprès du chancelier. M. Thiers conseillait d'accepter les propositions du gouvernement allemand.

« Si j'ai un conseil à vous donner, disait-il, ac-

« ceptez l'armistice, même sans ravitaillement, afin
« de pouvoir convoquer une Assemblée sous le plus
« bref délai possible et, à l'aide de cette Assemblée,
« d'arriver à traiter des conditions de la paix. Je ne
« crois pas que la situation du pays et des armées
« soit telle que la continuation de la lutte puisse
« amener de bons résultats. Aujourd'hui la paix
« coûtera *l'Alsace et deux milliards;* plus tard, in-
« dépendamment des maux et des souffrances de la
« guerre, la paix vous coûtera l'Alsace, la Lorraine
« et cinq milliards ! »

Ces preuves saisissantes dominent les déclarations
intéressées des partis, et si l'Empire mérite sa chute
pour s'être cru capable de lutter lorsqu'il fondait
ses espérances sur les vaillantes phalanges qui
avaient vaincu à Sébastopol et à Solférino, quelle est
donc la responsabilité et la culpabilité de ces factieux
qui, après s'être attribué un pouvoir despotique, pro-
longeaient follement la guerre en France lorsque
nos armées régulières avaient été détruites à Sedan
et à Metz !

Certainement, si la paix pouvait se conclure au

commencement de novembre avec la cession de l'Alsace et deux milliards, lorsqu'aucune puissance en Europe ne s'intéressait à notre cause, n'est-il pas juste et raisonnable de penser que les négociations entreprises dès les premiers jours de septembre, avec l'autorité morale des représentants de la nation réunis autour du nouveau gouvernement, lorsque l'armée de Metz était encore intacte et lorsque la défense de Paris était pleine de promesses, auraient abouti à une indemnité de deux à trois milliards, sans cession de territoire? *Et n'est-il pas évident que c'est aux hommes du gouvernement de la défense nationale que nous devons la perte de l'Alsace et de la Lorraine?*

II

Les procès-verbaux de la commission d'enquête établissent qu'au moment de la capitulation de Paris, M. de Bismarck voulait laisser les troupes régulières armées, afin d'assurer l'ordre public, et enlever les fusils des gardes nationaux, qui ne sauraient les employer qu'à la guerre civile.

Ce ne fut que sur l'insistance réitérée du gouvernement de la défense nationale (1) que, tout au contraire, les troupes régulières remirent leurs fusils tandis que les gardes nationaux restèrent armés.

Cette mesure insensée, imposée par l'esprit de parti, fut l'origine et la cause de la Commune, de

(1) Voir le procès-verbal de la séance du 24 janvier 1871 du gouvernement de la défense nationale, pour se rendre compte de la résistance opposée aux demandes persistantes de M. de Bismarck pour désarmer la garde nationale.

l'incendie de nos monuments et de l'assassinat des otages.

Écoutons à cet égard la curieuse déposition du général Vinoy devant la commission d'enquête (1).

M. DE RAINNEVILLE. — Je crois, général, que dans une autre commission, celle du 18 mars, vous avez exprimé l'opinion que le désarmement de la garde nationale était possible lors de la capitulation.

M. LE GÉNÉRAL VINOY. — Il était aussi facile que le nôtre. Lorsque M. Jules Favre est venu me dire que c'était le plus beau jour de sa vie, parce que la garde nationale restait armée, je lui dis : « Le plus beau jour de votre vie sera le plus mauvais pour la France, à coup sûr. »

Enfin, le rapporteur de la commission d'enquête, après avoir relaté l'insistance du gouvernement de la défense nationale pour laisser la garde nationale en possession de ses armes, malgré les malheurs qu'on prévoyait devoir en résulter, termine par ces

(1) Tome III, page 123.

mots (page 375 du Rapport) : « Après vingt-quatre
heures de débats, M. de Bismarck céda sur ce point
et consentit à ce que la garde nationale conservât
ses armes. »

Si l'on avait désarmé la population, la république
n'aurait pas vécu six mois, et à tout prix et coûte que
coûte, il fallait la république pour couvrir les abus
et les fautes; dût la France être couverte de ruines.

III

Les procès-verbaux de la commission d'enquête établissent qu'antérieurement à la capitulation de Paris le délégué du gouvernement de la défense nationale convint avec M. de Bismarck d'un armistice dont voici un passage textuel :

« Les opérations militaires sur le terrain des départements du Doubs, du Jura et de la Côte-d'Or, ainsi que le siége de Belfort, *se continueront*, indépendamment de l'armistice, jusqu'au moment où l'on se sera mis d'accord sur la ligne de démarcation dont le tracé à travers les trois départements mentionnés a été réservé à une entente ultérieure. »

Ainsi l'armistice entraînait la cessation des hostilités sur tous les points de la France, excepté pour l'armée de l'Est, conformément à l'article ci-dessus.

Voici le texte officiel de la dépêche télégraphique adressée par M. Jules Favre *à la Délégation de Bordeaux* pour l'informer des détails de l'armistice qu'il vient de signer.

DÉPÊCHE RECOMMANDÉE.

« Nous signons aujourd'hui un traité avec M. le comte de Bismarck. Un armistice de vingt et un jours est convenu.

« Une Assemblée convoquée à Bordeaux pour le 15 février. *Faites connaître cette nouvelle à toute la France*, faites exécuter armistice et convoquez les électeurs pour le 8 février.

« Un membre du gouvernement va partir pour Bordeaux. »

Dès la réception de cette fausse dépêche, rédigée et expédiée uniquement par M. Jules Favre, la Délégation de Tours en avisa le général commandant l'armée de l'Est, qui arrêta la marche de ses troupes et perdit quarante-huit heures dans l'inaction, pendant que les Prussiens, conformément aux clauses véritables de l'armistice, continuaient leurs mouvements stratégiques.

Ainsi, voici un homme rompu aux affaires, habitué à les considérer sous leurs côtés les plus minutieux, qui, autorisé par M. de Bismarck, sans réserve ni restriction d'aucune sorte, à instruire le gouvernement de Bordeaux des articles de la convention qu'il a discutée, arrêtée et signée, passe sous silence, omet, ne dit pas un mot de la clause essentielle, de la clause la plus importante, de laquelle dépendait le salut d'une armée.

Il n'a pas pour excuse d'avoir été tenu d'être laconique, la dépêche qu'il expédie entre dans d'autres développements relativement peu importants. Du reste, il trompe ses collègues *en affirmant* avoir prévenu la délégation de Bordeaux de l'exception concernant Bourbaki et l'armée de l'Est (1).

Lorsqu'on l'interroge, comment répond-il ?

Voici l'interrogatoire devant la commission d'enquête :

« M. le comte Daru (2). — Maintenant nous voici

_____

(1) Séance du gouvernement de la défense nationale du 31 janvier, page 170 du rapport de M. Clapier.

(2) Tome Ier de l'Enquête, page 363.

arrivés à un point important. Le 28 janvier l'armistice est conclu, vous expédiez un télégramme à Bordeaux à M. Gambetta pour le lui annoncer. Permettez-moi de vous demander d'abord si ce télégramme était bien tel qu'il a été imprimé.

« M. Jules Favre. — Je le crois; je n'en sais rien.

« M. le comte Daru. — La dépêche était conçue dans les termes suivants : « Nous avons signé un armistice, faites-le immédiatement exécuter *partout*. »

. . . .

Et plus loin :

« M. de Rainneville. — Qui a écrit la dépêche du 28 (la notification de l'armistice).

« M. Jules Favre. — C'est moi.

« M. Antonin Lefèvre-Pontalis. — M. de Bismarck l'a-t-il dictée?

« M. Jules Favre. — Non, du moins *je ne me le rappelle pas.* »

Il nous reste à montrer les conséquences effroyables des lacunes étranges de M. Jules Favre. Nous nous bornerons à citer l'ordre du jour du général commandant l'armée de l'Est à ses soldats, l'article du *Journal officiel* sur le même sujet, et un article du journal *la Revue suisse* (1).

Ordre du jour du général Clinchant.

« Soldats de l'armée de l'Est,

« Il y a peu d'heures encore, j'avais l'espoir, j'avais même la certitude de vous conserver à la défense nationale. *Notre passage jusqu'à Lyon était assuré à travers les montagnes du Jura.*

« Une fatale erreur nous a fait une situation dont je ne veux pas vous laisser ignorer la gravité. Tandis que notre croyance en l'armistice qui nous avait été notifié et confirmé à plusieurs reprises par notre gouvernement nous recommandait l'immobilité, les colonnes ennemies continuaient leur marche, s'emparaient des défilés déjà en nos mains et coupaient ainsi notre ligne de retraite.

(1) Tome Ier, page 369.

« Il est trop tard aujourd'hui pour accomplir l'œuvre interrompue : Nous sommes entourés par des forces supérieures ; mais je ne veux livrer à la Prusse ni un homme, ni un canon. Nous irons demander à la neutralité suisse l'abri de son pavillon ; mais je compte dans cette retraite vers la frontière sur un effort suprême de votre part ; défendons pied à pied les derniers échelons de nos montagnes, protégeons les défilés de notre artillerie et ne nous retirons sur un sol hospitalier qu'après avoir sauvé notre matériel, nos munitions et nos convois.

« Soldats, je compte sur votre énergie et sur votre ténacité. Il faut que la patrie sache bien que nous avons fait notre devoir jusqu'au bout, et que nous ne déposons nos armes que devant la fatalité. »

L'administration de la guerre rendit compte de ces faits au pays, par la note ci-après, insérée au *Moniteur universel* du 5 février :

« Pour bien se rendre compte des funestes effets de l'armistice sur les destinées de l'armée de l'Est, il faut remarquer qu'au moment où la convention a été signifiée à la délégation de Bordeaux, un double mouvement stratégique avait lieu. D'un côté, l'armée de l'Est opérait sa retraite ; de l'autre, l'armée de Garibaldi, renforcée à 50,000 hommes, commençait une puissante diversion sur les derrières de l'ennemi en se portant à Dôle et vers la forêt de Chaux. Si ce dernier mouvement se terminait aussi heureusement qu'il avait débuté, les forces prussiennes pouvaient se trouver dans une situation très-critique, car elles se trouvaient prises, comme on dit vulgairement, entre deux feux.

« C'est à ce moment que la notification de l'armistice a eu lieu. Aussitôt l'armée de l'Est a suspendu son mouvement, et l'armée de Garibaldi s'est arrêtée à trois kilomètres de Dôle que l'ennemi avait déjà presque complétement évacué. Pendant les deux jours qui ont suivi, et tandis que nos généraux parlementaient avec l'ennemi pour dissiper ce qui semblait être un malentendu évident, l'ennemi, de son côté, continuait d'avancer, occupait les positions les plus importantes, se rendait maître des routes vers Bourg et Lyon et envoyait des renforts considérables à Dôle, Mouchard, et sur tous les points que menaçait naguère Garibaldi.

« Quand la vérité se fit jour, et que le texte fatal fut connu il était trop tard. Nos armées, après le temps perdu, se retrouvèrent dans l'impossibilité de reprendre leur ancien plan, et c'est ainsi que l'armée de Garibaldi, d'une part, dût évacuer Dijon, et se retirer sur Mâcon, et que l'armée de l'Est, d'autre part, s'est vue obligée de se retirer sur le territoire suisse. Un fait qui montrera mieux que tous les commentaires l'influence de ces deux jours si malheureusement perdus, *c'est que le 24ᵉ corps, qui formait l'aile gauche de l'armée et n'avait conséquemment pas sur le reste des troupes une avance de deux journées de marche, a pu cependant, malgré l'arrêt du mouvement de Garibaldi, échapper à la poursuite de l'ennemi.* »

Il est intéressant de rapprocher de cette note l'appréciation suivante, formulée par la *Revue suisse* du mois de février 1871.

« A ce moment (après le suicide du général Bourbaki, le 26 janvier), son armée était presque complétement cernée par le général Manteuffel, après toute une série de combats malheureux qui avaient eu pour effet de rétrécir chaque jour davantage le demi-cercle de fer où on voulait l'enfermer, sans autre issue que la frontière suisse. Pourtant elle n'était pas perdue. Il lui restait la route du Jura et les défilés de Saint-Laurent, dont une marche rapide pouvait lui permettre de se saisir. Une attaque simultanée en force contre les colonnes prussiennes qui s'avançaient sur le flanc de l'armée en retraite aurait permis de la protéger complétement. Enfin Garibaldi, à la tête de 50,000 hommes, s'avançait sur Dôle après avoir battu les troupes qui lui étaient opposées, et en prenant ainsi l'aile droite prussienne par derrière et de flanc, il la menaçait à son tour d'un désastre, lorsqu'une fatalité *encore inexpliquée* vint perdre l'armée française. C'est à ce moment que Garibaldi et le général Clinchant, qui avait succédé à Bourbaki, reçurent du gouvernement une dépêche qui leur annonçait qu'un armistice avait été signé à Paris, et leur donnait l'ordre de suspendre les hostilités et les opérations de guerre. Garibaldi, la mort dans le cœur, obéit immédiatement, se repliant sur Dijon, qu'il dut bientôt évacuer, tandis que près de Besançon les Prussiens complétaient leur mouvement de concentration. Tout à coup ils attaquèrent les Français qui se reposaient sur l'armistice annoncé à l'armée par une proclamation.

« Le général Clinchant fit aussitôt demander des explications au général Manteuffel, qui leur apprit que la convention de Paris ne s'appliquait pas aux armées de l'Est. Bien des heures furent encore perdues en pourparlers, pendant lesquelles l'armée allemande acheva de prendre les positions les plus favorables, de telle sorte que lorsqu'ils furent terminés par le refus de Manteuffel de conclure un armistice séparé, de trente-six heures, qui permit de demander des explications à Versailles, il ne restait plus à l'armée française d'autre alternative que de passer en Suisse avec armes et bagages. C'est ce qu'a fait le général Clinchant. Les troupes sont entrées sur le territoire neutre, à partir du 1er février, non sans avoir à soutenir contre les Prussiens des combats où elles ont perdu quelques mille hommes surtout en prisonniers ; mais quelques troupes ont réussi à s'échapper sur Lyon, *par cette route même du Jura où toute l'armée aurait pu suivre, surtout protégée par l'attaque de Garibaldi, si elle n'avait pas perdu quarante-huit heures sur la foi de l'armistice et sur l'ordre positif qui lui avait été donné de suspendre ses opérations.*

« Il y a ici *un mystère* dont il faut attendre l'explication. »

Le mystère n'a pas été expliqué ; cependant c'est une grosse affaire qui a coûté la vie à des milliers d'hommes : elle mérite bien quelques éclaircissements.

Nous admettons, jusqu'à preuve du contraire, les malheurs suivants imputables au gouvernement de la défense nationale, d'après les enquêtes de l'Assemblée :

1° Perte de l'Alsace et de la Lorraine ;
2° Préparation de la Commune de Paris ;
3° Désastre de l'armée de l'Est.

Nous ne placerons qu'au second plan les désordres, les atteintes graves portées aux droits et à la liberté des citoyens pendant la dictature de M. Gambetta, qui d'un coup brutal supprimait sur tout le territoire les conseils municipaux et les conseils généraux librement élus.

Nous voyons également M. Gambetta disposant à son gré des fournitures et des marchés qui ont été l'objet de poursuites et de condamnations ; octroyant des grades ; dirigeant les opérations militaires ; approvisionnant ou n'approvisionnant pas les camps de vivres et munitions, selon leur composition politique.

Le camp de Conlie est un échantillon des procédés de l'époque.

Enfin, la République de la défense nationale est le seul gouvernement qui ait jamais donné en France une prime courante à la délation. Il a fait afficher sur les murs de Paris que *tout citoyen qui dénoncerait un autre citoyen comme possédant de la farine ou du blé recevrait 25 francs par hectolitre trouvé chez le détenteur.*

Et cela même avant que Paris fût réduit aux dernières extrémités.

Le général Ducrot révèle ce fait dans sa déposition (1). Il dit également : « Ces hommes du gouvernement de la défense nationale étaient complétement dominés par l'idée de parti; faire triompher leur parti passait avant tout. . . . . . En fait de morale, ils n'y regardaient pas de si près. »

(1) Tome III de l'Enquête, page 86.

Comprend-on que des gens placés sous le coup de responsabilités pareilles *osent encore lever la tête* avant de produire des justifications assez précises pour infirmer la valeur et l'autorité de ceux qui les chargent?

Les circonstances les ont singulièrement aidés.

M. Thiers a été le premier pouvoir constitué après le gouvernement de la défense nationale ; il avait été le ministre plénipotentiaire de cette compagnie compromettante, à laquelle il a été plus ou moins accolé. Loin de chercher la lumière, il a couvert de sa protection habile et puissante ceux qui voulaient les ténèbres, et, le cas échéant, il les abrita sous le prestige des grandes positions de l'État.

Depuis, les compétitions des partis, les tentatives de restauration monarchique, la discussion sur le septennat personnel et impersonnel, ont prolongé les diversions favorables à l'impunité des inculpés qui, payant de cynisme, ont pris l'habitude d'injurier l'Empire pour détourner l'attention en ce qui les concerne.

L'Empire a rendu ses comptes ; ils n'ont pas rendu les leurs, et les injures de gens aussi mal famés, loin de lui nuire, assurent sa restauration après le septennat de l'illustre maréchal de Mac-Mahon, dont le pouvoir, loyalement et noblement exercé, est un bienfait pour le pays.

La France n'acceptera jamais la République, parce qu'ils y ont été mêlés : ils planent sur elle comme la peste, et la meilleure manière de servir la cause républicaine et ses partisans honnêtes serait, pour M. Gambetta et ses anciens collègues, de demander à se justifier devant qui de droit des présomptions qui les accablent dans les procès-verbaux et dans les rapports de l'enquête de l'Assemblée nationale. Tant qu'ils n'auront pas eu cette dignité, tant qu'ils n'auront pas demandé des juges, leur attitude provocante envers les Bonapartistes n'est ni du courage, ni de *l'audace*, mais seulement de *l'effronterie*.

PARIS

IMPRIMERIE D. JOUAUST

Rue Saint-Honoré, 338

9 782013 491242